Position Politique

DE

LA MAISON

D'ORLÉANS

1833

PARIS.

TYPOGRAPHIE DE A. PINARD,

QUAI VOLTAIRE, N° 15.

M DCCC XXXIII.

POSITION POLITIQUE

DE

LA MAISON

D'ORLÉANS.

La France est-elle orléaniste? Je l'affirme sans hésiter. Pourquoi l'est-elle? Est-ce à cause des grands services que le Roi actuel aurait rendus à la patrie? Tout franchement, non. Ce n'est donc pas dans ce sens qu'il faut comprendre la volonté nationale.

La France veut Louis-Philippe, tout simplement parce qu'il est le représentant légal et *légitime* de la révolution française, avec autant de vérité que Charles X était celui de la contre-révolution et de l'émigration armée appuyée de la coalition étrangère. C'est là le secret de sa force; c'est ce qui l'a défendu et le défendra contre l'attaque furieuse des partis qui rêvent sa ruine.

Il est dans la politique comme dans la nature d'invincibles nécessités : celle des Bourbons de la branche aînée était la contre-révolution et le despotisme. Louis XVIII, pour l'avoir méconnu, a perdu sa famille. Expliquons-nous.

Après la déplorable catastrophe des cent jours, tout était possible ; l'armée était vaincue, et, il faut bien avouer cette triste vérité, la nation ne l'avait point soutenue dans ses revers. Louis XVIII revenant pour la seconde fois, était le *seul* roi possible ; il pouvait tout ; les alliés ne se seraient opposés à rien. Il fallait retirer la Charte octroyée, la remplacer par un absolutisme non tracassier ; faire punir avec la dernière sévérité ceux qui auraient donné la moindre inquiétude aux acquéreurs de biens nationaux ; ne jamais parler d'une odieuse indemnité aux émigrés ; faire enfin de l'absolutisme sans ancien régime.

Mais Louis XVIII, dont on a vanté le savoir et l'habileté, n'était qu'un homme sans profondeur ; il a voulu faire du libéralisme ; il s'est cru un grand législateur, et son orgueil a perdu sa famille. Il a pensé follement que l'existence de la légitimité du droit divin, représentée par les chefs de l'émigration, était compatible avec la liberté : eh bien! c'était une des plus impraticables utopies qui aient jamais passé par la tête d'un homme. En vain objectera-t-on les quinze années de durée de ce gouvernement. Il n'a dû ce répit qu'à la prodigieuse lassitude de la nation, dont les jeunes générations étaient épuisées par une guerre furieuse de vingt-cinq années.

En effet, que l'on considère attentivement cette époque de quinze ans, l'on verra le Gouvernement se débattant sans cesse, soit par adresse soit par violence, contre la nécessité qui le pressait; perdant chaque jour quelques pouces de terrain; et cela, au milieu des intérêts matériels très satisfaits, et d'expéditions militaires parfaitement heureuses. Pourquoi cette singulière position? C'est que la légitimité luttait contre son propre principe; c'est que la liberté faisait pousser des germes de mort qui devaient étouffer la branche aînée des Bourbons.

Nous le disons avec une profonde conviction, une tribune publique, une garde nationale fortement organisée, et surtout la liberté de la presse, étaient complétement incompatibles avec l'existence des princes chefs de l'émigration, ramenés par la coalition étrangère. Louis XVIII ne l'a pas compris, parce que son esprit était aussi faux que son cœur était méchant. A l'avénement de Charles X, un contentement assez général se manifesta, et beaucoup de gens crurent que les choses allaient se consolider. Illusion complète! La cruelle nécessité cheminait toujours. Il s'y mêlait même de la fatalité, car les plus vieux amis des Bourbons, M. de Châteaubriand et le journal des Débats, leur portaient les plus sensibles coups.

M. de Villèle était un homme d'état de premier ordre. Dès 1814, son esprit sagace avait aperçu la position fatale dans laquelle Louis XVIII avec sa Charte plaçaient sa famille; il avait parfaitement compris l'impossibilité de l'amalgame. Mais lors de son arrivée aux affaires, il n'y avait plus moyen, sans folie, de changer les institutions; elles étaient trop fortement établies, et la jeune génération, élevée sous leur influence, arrivait.

M. de Villèle voyait la marche rapide du torrent. Ne pouvant le faire remonter vers sa source, il tâchait par de nombreuses saignées d'en atténuer la violence. Cet homme luttant avec une éloquence vraiment parlementaire, une adresse incroyable, une astuce profonde contre une nécessité formidable, est pour ceux qui voudront y réfléchir froidement un des ministres le plus habiles dont notre histoire fasse mention.

Au milieu de la prospérité matérielle de la France, des gracieusetés de la Cour, et des hurlemens de ses trois cents, M. de Villèle ne fut point ébloui, et c'est à son éloge éternel comme portée de vue. Il sentait avec un admirable tact la terre de France frémir sous les pieds de la dynastie, et pensait avec justesse qu'elle ne tarderait à trembler. Voyant le danger sans le croire si prochain, il tâcha de l'éviter encore en retrempant les grands pouvoirs de l'Etat; il augmenta la chambre des Pairs et cassa celle des Députés. Les élections de 1827 arrivèrent; c'était la réponse de la France virile aux chefs de l'émigration, aux promoteurs de coalitions étrangères. M. de Villèle tomba: si la monarchie du droit divin eût été *sauvable*, cet homme supérieur l'eût sauvée.

Arriva le ministère Martignac. Certes, si la liberté eût été compatible avec la monarchie légitime, ce ministère l'aurait fondée. Composé d'hommes de talent dévoués au Roi, de bonne foi dans leur croyance à la Charte, n'effrayant pas par leurs antécédens, il fut reçu avec joie par le pays, qui, ne devinant pas bien la cause de son malaise politique, pensait à chaque instant de le voir disparaître. Vaines illusions! Bientôt la nécessité parut plus menaçante que jamais; les attaques se multipliaient, car les hommes de la génération soumise de l'empire commençaient à s'éclaicir, et ceux élevés sous le patronage des idées nouvelles imprudemment développées par la Charte de Louis XVIII, se montraient ennemis déclarés d'une dynastie remontée sur le trône en passant sur les cadavres de leurs pères.

Charles X s'aperçut que chaque jour un des fleurons de sa couronne en était détaché, et qu'elle-même chancelait sur sa tête. Il changea son ministère, appela près de lui le ban et l'arrière-ban de ses *Leudes*. Mais au lieu des sieurs Guernon, Chantelauze, Capelle, eût-il eu à ses côtés Roland et sa bonne épée, Mazarin et sa finesse, Colbert et son génie, il fût tombé de même. La tribune et la presse, ces redoutables filles de la liberté, avaient tellement sapé et miné l'édifice, qu'il n'y avait plus d'étais assez forts pour le soutenir.

Après bien des anxiétés, poussé jusqu'au bord du précipice sans moyen de le tourner, comme dernier et seul remède on tenta le coup d'État. Aux cris de quelques ouvriers imprimeurs, les parisiens se levèrent, et vengèrent à coups de pierre et de manches à balais les désastres de Leipsick et de Waterloo. Le gouvernement fut chassé de la capitale.

La dynastie se retira à Rambouillet, entourée d'une armée fidèle, d'une garde royale dont les soldats étaient restés fermes et braves sous leur drapeau, malgré le honteux abandon du Dauphin au moment du combat. La légitimité, si elle eût eu quelques racines dans le pays, eût été encore formidable; elle eût pu rappeler la victoire dans ses rangs, et faire payer cher aux vainqueurs de juillet leur incroyable triomphe.

Mais point: trois commissaires délégués de je ne sais quel pouvoir à peine reconnu dans la banlieue de Paris, arrivent à Rambouillet, s'emparent de la dynastie, l'emballent, et la conduisent dans un fiacre à l'heure jusqu'à Cherbourg; sans que dans cette marche unique dans l'histoire, une seule cartouche ait été brûlée pour délivrer les enfans de Philippe-Auguste et de Louis XIV.

Depuis cette époque, quelques tentatives légitimistes ont été exécutées; toutes ont fini misérablement : la Vendée même, l'ancienne et intrépide Vendée, s'est éteinte dans une cheminée, en jouant à cache-cache avec les gendarmes.

Cet immense délaissement national à l'égard d'une famille qui ne régna pas sans gloire, prouve invinciblement l'impossibilité d'une alliance franche, forte et durable entre la légitimité et la liberté. Examinons maintenant avec la même franchise la position de la dynastie nouvelle; voyons si son intérêt, ses goûts, ses antécédens l'engagent et l'obligent à représenter franchement la révolution française.

Trois puissans appuis soutenaient Charles X : le premier, le principe de la légitimité, qui, par lui-même, est une sorte de garantie sociale qui n'est pas sans importance.

Le second, l'ancienne noblesse, puissante par les immenses propriétés territoriales qu'elle possède encore en France.

Le troisième, la sympathie du congrès des rois et de l'aristocratie européenne, parrain et marraine de la légitimité.

Louis-Philippe ne possède aucun de ces moyens de défense.

Sous lui, le principe de la légitimité est mis hors de cause.

L'ancienne noblesse ne pardonnera jamais au fils d'Égalité, sa naissance, son éducation, sa jeunesse toute patriotique, et surtout la dernière expulsion d'une famille pour laquelle elle a tout sacrifié pendant quarante ans.

Quant aux rois de l'Europe, c'est encore bien pis. Tous ont vu avec effroi la révolution de juillet, et voient avec douleur son principe assis sur le trône. Cela est tellement incontestable, que nous ne croyons pas qu'il y ait aux Tuileries un courtisan assez effronté pour dire à Louis-Philippe : Sire, tel roi vous aime.

Comment donc, au milieu de tant d'obstacles et de dangers, depuis trois ans le gouvernement s'est-il de plus en plus affermi? C'est, nous le répétons pour la centième fois, qu'il représente forcément la révolution française dans son véritable esprit.

Nous irons plus loin, et nous dirons : Le Roi et ses fils seraient assez ingrats, assez lâches, assez traîtres pour abandonner la cause sacrée de la nation, ils ne le pourraient pas sans se perdre infailliblement. Mais, grace au ciel, telle n'est point leur pensée, et nous le disons avec force et vérité : Il n'y a pas un seul membre de la famille régnante qui n'ait la conviction profonde que le jour où la liberté s'écroulerait en France, la maison d'Orléans serait écrasée sous ses ruines.

Aussi, combien le bon sens des masses populaires a saisi avec justesse cette vérité! Parmi mille preuvres, citons-en une, peut-être de toutes la plus frappante.

C'est l'état de la presse de l'opposition. Sous la restauration elle avait acquis une influence immense et méritée; comment avait-elle acquis cette puissance chez une nation aussi spirituelle que la nôtre? C'est qu'elle était dans le vrai, c'est qu'elle parlait à nos sympathies. En effet chaque jour elle nous répétait avec toutes les finesses dont la langue française est susceptible : Ces rois qui vous gouvernent ce sont les chefs des émigrés vaincus par vos pères, les protecteurs d'un clergé ambitieux et cupide ; les cosaques vous les ont ramenés en croupe pour détrôner votre brave, votre grand Empereur. Des journaux écrits avec talent, des brochures piquantes, des odes admirables sous le nom de chansons, répétaient sans cesse avec plus ou moins d'audace ces tristes vérités ; le peuple les saisissait, les comprenait avec cet admirable tact, plutôt le partage des masses que des individus.

La révolution de juillet éclata. On dut croire que la presse allait arriver à l'apogée de sa puissance ; eh bien ! ce fut le contraire : depuis trois ans, chaque jour son influence a décru. Pourquoi ce singulier revirement? Nous allons tâcher de l'expliquer avec bonne foi.

Les écrivains de l'opposition ont continué, sous la royauté émanée de la révolution, la polémique si bien appropriée à la restauration ; ils s'étaient fait une habitude de langage acerbe, de déclamations virulentes, un *train-train* d'opposition dont ils n'ont pas su se débarrasser ; ils ont cessé de parler aux grandes passions nationales pour se créer mille petits combats particuliers qui pussent alimenter leur faconde. Alors le peuple ne les a plus compris ; leur puissance, honorablement gagnée, s'est chaque jour amoindrie. L'avalanche est devenue la boule de neige.

Montrons par un seul fait la fausse position de la presse opposante. Un journal, à bout de raisons passables pour combattre la dynastie, s'est écrié un jour : « Mais votre Roi actuel est aussi un émigré. » Un émigré, bon Dieu! le fils du conventionnel montagnard, le jeune patriote de 92, l'affilié du club des jacobins, le soldat de 93, celui qui ne quitta la France pour éviter une mort certaine, que long-temps après M. de Lafayette! Vouloir l'assimiler aux aristocrates de Coblentz, vraiment c'est du délire : aussi, que ceux qui ont avancé cette incroyable déception mettent la main sur la conscience, et disent ce que le peuple en a pensé.

Une autre chose qui a fait un tort considérable à la presse du mouvement, c'est cette sorte de fraternité dont l'abreuve sans cesse la presse carliste; non que nous ayons jamais cru à la prétendue alliance carlo-républicaine, qui n'est à nos yeux qu'un propos de police; mais la France s'est indignée de voir l'encens légitimiste fumer devant le bonnet de la liberté. Elle a bien vite aperçu, avec sa raison et son tact admirables, le duc de Bordeaux poindre derrière la parade de notre immortelle Convention. La garde nationale, en croisant la baïonnette sur le drapeau rouge, déchirait le drapeau blanc.

Nous ne terminerons pas sans dire un mot des hommes du parti de la monarchie républicaine. Ce sont les Girondins de nos jours, cela avec une inconcevable parité. Eh bien! les Girondins furent les vrais, les grands coupables de notre première révolution, car ce sont eux qui renversèrent follement la monarchie constitutionnelle pour établir la république. La république une fois établie, attaquée comme elle le fut et le serait encore aujourd'hui par la coalition étrangère, était identifiée au sol français. Pour conserver la France, il fallait défendre la république, et on ne le pouvait que par les moyens les plus exorbitans. Contre une attaque formidable il fallait une résistance désespérée; elle fut exécutée avec une énergie fabuleuse.

Les brillantes théories de la Gironde avaient amené l'anarchie; tout se brisait; la France allait périr. La Montagne de la Convention sauva la patrie par la terreur. Ah! que la génération qui eut tant à souffrir dans ces temps de douloureuse mémoire, repousse avec effroi ces terribles Montagnards, nous le concevons; vouloir le contraire serait demander au cœur de l'homme plus d'abnégation et de vertu que la Providence ne lui en a départi. Mais nous, qui leur devons ce que nous sommes; nous, dont ils ont sauvé la nationalité; nous enfin, que l'on me passe ce cruel jeu de mots, les héritiers du sang, ne les maudissons pas, ce serait injuste, ingrat et lâche.

La France nouvelle repousse les utopies de Vergniaud, pour n'être pas obligée de revenir à la logique de Robespierre.

Par une autre combinaison, la presse légitimiste a rendu d'importans services à la dynastie. Ses atroces calomnies, ses basses injures, ont ouvert les yeux à une immense quantité de bons patriotes. A la rage des attaques des carlistes contre le gouvernement, il n'a pas été difficile de voir que c'était là que se trouvait leur plus dangereux, leur plus véritable ennemi. Nous aurions craint pour notre jeune royauté la modération ou les faux éloges des légitimistes; ils lui eussent été mortels : puisse-t-elle ne les mériter jamais.

Le résumé de ces courtes réflexions, écrites avec la plus entière bonne foi, le voici :

Il faut défendre à outrance la famille régnante, parce qu'elle est inféodée sans retour aux idées nouvelles, aux institutions qui en dérivent; parce qu'il faut qu'elle nous aide à fonder ces institutions, ou qu'elle périsse avec elles.

Libéraux, nous lui devons notre appui, notre

protection contre les factions qui l'assiégent. De son côté, elle doit à la nation un dévouement sans bornes, une fidélité à toute épreuve ; nous y comptons. La révolution fut sa mère, la liberté sa nourrice : elle ne les trahira pas.

IMPRIMERIE ET FONDERIE DE A. PINARD,
QUAI VOLTAIRE, N° 15.

9 782013 191258